AF316051

NATIONALITÉ

ET

PATRIOTISME

EN RÉPONSE

A MM. DE FEUILLIDE ET PEYRAT

PAR

J.-A. VAILLANT

Fondateur du collége interne de Bucharest
et de l'école gratuite des filles, professeur
de littérature à l'école nationale
de Saint-Sava,

PARIS

E. DENTU, LIBRAIRE-ÉDITEUR

Palais-Royal, galerie d'Orléans, 13.

—

1855

Proscrits roumains, c'est à vous, mes amis, mes disciples, mes frères,, que je dédie ces pages. Elles ne sont pas les moindres de celles que m'ont inspirées les généreux élans de votre cœur dans le succès et la constance de votre générosité dans le revers.

Boïars et conséquemment nés avec les priviléges de l'aristocratie, seuls, jusqu'en 1848, vous aviez droit à tous les emplois, à tous les titres, à tous les honneurs; seuls, vous possédiez la terre et l'homme, le serf et l'esclave, le paysan et le sigan; seuls, vous jouissiez du labeur de la bête et de l'homme, et, pour vous seuls, les fruits de ce labeur se changeaient en or chaque jour. Vous sembliez heureux, tant vous étiez comblés de biens! Et pourtant vous ne l'étiez pas; car, alors

que rien ne paraissait vous manquer, vous ne
sentiez que trop que tout vous manquait, une
patrie, sans laquelle le reste n'est rien. Aussi
grands de cœur que d'intelligence, vous avez
attendu avec impatience le moment de vous en
créer une en affranchissant votre sol asservi et
votre peuple esclave; vous avez compris que,
pour réussir, il vous fallait ressusciter la lettre
morte de l'Evangile et raviver, sous le ciel de la
Roumanie, l'esprit de ce verbe de vérité qui,
seul, est capable de rendre la vie aux morts et
de briser la chaîne de l'esclavage.

Poussés par le cœur qui donne et abandonne
et non par l'estomac qui réclame et exige, ad-
mirables partageux! socialistes sublimes! abdi-
quant votre boïarie, vous avez renoncé à vos priviléges, répudié vos titres, partagé vos droits,
réparti vos biens, affranchi vos serfs, libéré vos
esclaves, délivré la nation et sauvé la Roumanie.

Pour ces bienfaits, actes de la plus haute vertu
et qui feront à jamais votre gloire, victimes de
la calomnie tzarienne, il vous a fallu fuir cette
patrie que vous veniez d'arracher du tombeau,
et, pour lui avoir rendu la lumière, aller mourir
loin d'elle, de la vie des proscrits, dans les ténè-
bres de l'exil.

Vous étiez loin alors de soupçonner que la
nation ne fût qu'une abstraction, la nationalité
une utopie, la patrie un mythe et le patriotisme
une chimère. Un sophiste, hélas! n'était pas encore sorti de son obscurité pour jeter sa lumière

blafarde sur tout ce qu'il y a de plus sacré sur terre, l'amour filial d'un peuple pour le sol, le toit, la tombe et le berceau de ceux dont il est né ou dont il est la nation. Mais, comme moi, vous l'avez entendu, monsieur de Feuillide, et vous en avez frémi d'indignation comme j'en ai ri de pitié. Eh quoi! pendant vingt ans votre cœur se serait abusé, pendant vingt ans, votre intelligence se serait trompée, pendant vingt ans vous auriez travaillé en vain, pendant vingt ans, moi, votre maître et votre ami, je vous aurais rempli la tête de folles chimères, le cœur de folles passions; et, depuis leur origine, les sociétés se seraient fourvoyées sur le sens des éléments qui les constituent? Quoi donc! pas un de vous n'aurait eu ni le cœur assez grand, ni l'intelligence assez haute pour proclamer ce qu'il proclame si, au lieu d'être un sophisme, c'eût été la vérité? N'en pensez rien, mais tranquillisez-vous, soyez calmes, et comptez sur moi, car ma conscience n'est ni vendue ni à vendre, ma plume ne se peut ni acheter, ni payer et, en vérité, je vous le dis, la Roumanie de Trajan ne périra point, mais le sophisme de M. de Feuillide sera anéanti.

NATIONALITÉ

ET

PATRIOTISME

EN RÉPONSE

A MM. DE FEUILLIDE ET PEYRAT (1).

———>◆<———

> La nationalité est la person-
> nalité d'un peuple, et le patrio-
> tisme est l'amour filial d'une
> nation. Narad.

Lecteur assidu et juge impartial de *la Presse*,
j'en aime la lecture parce que j'y vois la pensée
en travail, la raison en exercice et l'élaboration
de l'avenir dans le creuset du raisonnement. J'y
butine; j'en prends et j'en laisse; je m'incline
devant ses axiômes certains; je me dresse contre
ses dogmes erronés. Du miel des uns je compose

(1) Voir la *Presse* de mars à juillet.

mon langage de vérité, de la cire des autres je me fais un flambeau contre le mensonge. Si les portes de son temple m'eussent été ouvertes, j'y aurais placé ce flambeau entre la négation et l'affirmation, entre le doute et la croyance, qui en font les quatre murailles, et en l'éclairant ainsi à ses quatre coins, peut-être eussé-je été assez heureux pour établir entre la foi qui croit parce qu'elle ignore et le doute qui hésite parce qu'il ne sait pas, la certitude qui sait parce qu'elle connaît, et la foi qui est ferme parce qu'elle sait. Mais je ne suis prêtre d'aucun temple de la publicité; je n'ai d'autre Dieu que l'esprit de la lumière et de l'intelligence, d'autre temple où l'admirer que la nature, d'autre sanctuaire où le glorifier que mon cœur, et toute ma pensée reste en moi comme le rat latin (*mus*) sous la *terre*, comme l'huître grecque (*mys*), dans sa coquille, comme toute réalité sous le mystère mystique qui la couvre, comme toute vérité sous le mythe mystérieux qui la cache, comme toute science sous le mutisme de la fable qui la voile. Vienne le jour où mon cœur doit se briser, et il en sortira, comme d'un caillou, une étincelle sacrée qui vivifiera les esprits et fera briller une lumière nouvelle sur toutes les nations du monde.

Jusque-là, qu'il me soit permis de prendre fait et cause pour elles dans une question dont la solution est pour elle la vie ou la mort. Mon amour de la vérité m'en fait un devoir, et mes sentiments pour la Roumanie m'en font un droit. Je vais donc, au nom du devoir et du droit, par amour de la vérité et de la Roumanie, rendre à tout peuple sa nationalité et à toute nation son patriotisme; car, en relevant ce qu'a de particulièrement faux, au point de vue pratique, la conclusion de M. Peyrat sur les nationalités, et ce qu'ont de généralement d'erronné ou fond et de spécieux dans la forme les cinq articles de M. de Feuillide sur *les nationalités et la civilisation*, j'aurai prouvé que la nationalité n'est point une utopie et le patriotisme une chimère.

Ne différant de M. Peyrat qu'en un point de forme, peut-être devrais-je, sans discuter, commencer par m'entendre avec lui sur le seul point qui nous sépare; mais, certain qu'il n'est pas homme à sacrifier inutilement la forme au fond, je préfère m'entendre d'abord avec M. de Feuillide, qui déjà, de gaieté de cœur, a sacrifié le fond à la forme.

Puisque M. de Feuillide n'est qu'à la justice et à la vérité, qu'il y tient quand elles le tiennent, je vais essayer de les lui faire apparaître. afin qu'y tenant, quand elles le tiendront et que, les voyant, quand elles le toucheront, il connaisse et sache comment et combien se sont abusés ceux qui l'ont abusé et dont il a abusé lui-même.

Je ne suis ni docte, ni érudit, je n'ai pas la tête farcie d'aphorismes plus ou moins justes, je ne fais pas mes autorités d'opinions plus ou moins fausses; je me prévaux moins des paradoxes de quelques hommes, si illustres qu'ils soient, que du gros bon sens de chacun, si peu lettré qu'il puisse être ; d'ailleurs, je ne me bats pas plus à coups de citations qu'à coups d'épée ; je n'entre pas en lutte, je m'interpose, et, sans discuter, j'explique.

Pour éviter même toute discussion qu'entraîne ordinairement la fausse acception des mots, leur abusive extension de sens et leur trop fréquent écart de la vérité, avant d'expliquer les choses et les faits, je m'expliquerai d'abord sur le but absolu de quelques mots qui, peinture des choses et images des faits, sont, aussi bien que leurs types, le fond du sujet qui nous occupe. Ces mots, dont M. de Feuillide n'a pas la valeur mathématique, sont : homme et humanité, gens et races, nation et peuple, société et patrie, nationalité et patriotisme ; mieux ils seront définis et plus l'explication et plus l'application en seront à la fois intelligibles et intelligentes ; plus aussi M. de Feuillide regrettera de n'en avoir compris, admis, utilisé que le sens faux, le mauvais sens.

Si j'en refais la grammaire qu'il ne comprend pas, parce qu'elle est mal faite, patience ! ce ne sera qu'en quelques lignes ; car, pour être aussi clair que concis, je laisserai aux mots, images des choses, le soin de se définir eux-mêmes, et aux choses, types des mots, celui de s'y refléter comme dans un miroir.

L'*homme* est cet être corporel et spirituel, organique et intelligent qui, doué du sentiment du *moi*, en fait l'*ami cle* de ses besoins et se meut librement et sciemment dans cette sphère de ses droits et de ses devoirs, comme tout astre dans sa sphère; il est l'élément vital de l'*humanité*, comme l'*humus* est l'élément vital de la végétalité. Il constitue, parmi les *animaux*, c'est-à-dire parmi les êtres ayant *âme* (anima), son genre propre, le genre homme, le genre humain.

Le mâle et la femelle de ce genre, à la fois souche et source, semence et fond, sont le *gens*, et ceux qui en sont nés (*nati*), en sont la *nation*, et ce *gens*, à la fois *géniteur* et *génitrice*, est la *race* de la nation, comme la source est la racine du fleuve, comme la souche est la racine de la tige.

La nation varie comme le *climat* sous lequel elle a été engendrée, comme l'*amicle* dans laquelle elle est née. L'eau, l'air, la terre de chaque *amycle* et de chaque *climat* sont la patrie et la *matrie* de tout homme qui y a été engendré de parents qui y sont morts, et qui y est né de parents qui y vivent et qui, aussi, y mourront; c'est parce que la nation subit l'influence de l'eau et de l'air composant le *climat* du sol sur lequel il est né que le même mot *populus* exprime en latin le *peuple* et le *peuplier;* et c'est parce qu'il est l'*engendré* de la *terre* qu'il cultive que le même mot *pe*. fait en chinois le nom de la *terre* et du *peuple*, et que le *pa-ganus* indo-pélage est le type, la souche, de l'*agrï-culteur* latin, qui n'en est que la traduction.

Tout peuple est donc primitivement une nation d'hommes d'autant plus distincte et variée de caractère et de tempéramment que le *climat* céleste dans lequel il a été engendré, que l'*amycle* terrestre sur lequel il est né ou dont il est le fruit (*pulus*) et le *culteur* (ganus), sont eux-mêmes plus variés et plus distincts de température des autres *amycles* et des autres *climats*.

Nier son caractère et son tempéramment distincts pour le confondre dans l'humanité, c'est nier les divers climats et les différentes températures de l'atmosphère ; il n'est donc pas plus possible d'effacer de l'humanité ces diversités de température et ces variétés de climat qui constituent la diversité et la variété des nations et des peuples, qu'il n'est possible d'effacer de l'atmosphère les différentes températures et les climats différents qui en font la diversité et la variété.

Sans doute tous les climats de l'amycle atmosphérique et terrestre sont liés et contigus entre eux comme tous les hommes d'une même nation, comme toutes les nations de la terre ; sans doute cette liaison et cette contiguïté de *climats* et de température divers font l'unité de l'atmosphère, et ainsi l'union et la parenté des hommes et des nations font l'unité de l'humanité ; mais c'est précisément parce que cette unité, quelle qu'elle soit, atmosphérique ou humaine, céleste ou terrestre, est composée des températures différentes des divers climats et des différents tempéramments des divers caractères, des nations distinctes, liées et contiguës entre elles, ou des peuples variés unis en parents entre eux, qu'il y a diversité.

Si, comme les mots le disent, l'eau, l'air et le sol de tout *amycle* et de tout *climat* sont la patrie et la matrie de ceux qui en sont la *nation*, parce qu'ils y sont *nés* de gens qui les y ont engendrés, qui en sont la race ou la racine, et dont ils sont la tige et le fruit, le peuple, détruisez, abolissez, effacez, anéantissez d'abord les températures et les climats, et vous détruirez, abolirez, effacerez, anéantirez ensuite les nations et les peuples. Faites en sorte que l'atmosphère, qui est une, n'ait plus l'influence de ses divers climats et de ses diverses températures, et vous ferez facilement ensuite que l'humanité, qui aussi est une, n'ait plus à subir ces influences qui font ses caractères et ses tempéramments divers. Jusque-là, je dis et j'affirme que quiconque n'est pas tige de la racine, né de la race, engendré du *gens*, nation du territoire ou peuple du sol, peut y venir, y vivre, l'aimer et le servir comme sa patrie, plus que sa patrie, sans pouvoir jamais le faire ou le dire sa patrie. Je dis et j'affirme que ce qu'il peut faire, en tous cas, c'est de le choisir et de s'en faire adopter pour en faire la patrie de ceux qu'il y engendrera, de ceux dont il sera le *gens* ou la race, et qui, y demeurant sa progéniture et sa tige, y seront la nation et le peuple avec ceux qui, déjà, y sont nés et déjà y *pulullent* et y fructifient.

Ainsi, tant qu'il y aura diversité de climat et de température, il y aura diversité de caractère et de tempéramment, et le tempéramment et le caractère de chaque nation variera selon la température et le *climat* de chaque *amycle* atmosphérique et terrestre ; et les nations demeureront des nécessités variées dans l'humanité, comme les climats sont des nécessités variées dans l'atmosphère, comme les températures et les tempéramments sont des nécessités variées dans les climats de l'amycle atmosphérique ou céleste, terrestre ou humain.

Si, comme je le pense, nous nous sommes entendus sur ce qui précède, nous allons également nous entendre, j'aime à le croire, sur ce qui suit ; car, les nations étant les variétés vraiment nécessaires de l'humanité et la patrie le sol vraiment nécessaire des nations, les nationalités et le patriotisme ne seront pas moins nécessaires que l'individualité ou la personnalité et l'égoïsme ou l'amour.

Si le patriotisme consistait à épouser les querelles des chefs et à se faire tuer pour eux, si la nationalité consistait à épouser les préjugés des religions et à se faire tuer pour elles, si la nationalité et le patriotisme n'étaient que des instruments aveugles d'homicide, de meurtre, d'assassinat, vous auriez raison comme Pascal, Voltaire et Rousseau, et je serais de votre avis en étant du leur ; mais Voltaire, Pascal et Rousseau, qui vous ont abusé, ne se sont que trop abusés eux-mêmes; et le patriotisme et la nationalité sont innocents des crimes que vous leur imputez. Non, le patriotisme ne consiste pas, pour les petites nations, à mordre les grandes; non, il ne consiste pas, pour les grandes, à dévorer les petites, et moins encore consiste-t-il à nuire à tout ce qui n'est pas de la patrie; le fanatisme du soldat n'est pas plus du patriotisme que le fanatisme du prêtre n'est de la dévotion; une soldatesque assassinant au nom d'un chef, une bande de soudards obéissant à ceux qui les paient, ne font, en aucun cas, acte de patriotisme, et c'est insulter à cette vertu essentielle des nations que d'en donner le titre au brigandage.

Le patriotisme est le moi collectif d'un peuple, l'amour filial d'une nation, comme l'égoïsme est le moi simple d'un individu, l'amour personnel de soi-même.

Or, le patriotisme bien entendu d'un peuple ne répugne pas moins que l'égoïsme bien entendu d'un individu aux excès de la force, aux abus de la puissance, aux fureurs de la guerre, à l'horreur des supplices, au fanatisme monacal et monarchique des prêtres et des soldats, au despotisme des tyrans et à la tyrannie des despotes, quelque forme qu'ils affectent, de quelque habit qu'ils se couvrent, sous quelque nom qu'ils se présentent; car l'humanité est partout la même, parce que partout elle est une et diverse, sous la tente et dans la maison, dans le boudoir et sous les toits, dans le palais et sous le chaume,

à Paris comme à Pékin, dans chaque commune de familles, comme dans chaque patrie de nation.

C'est parce qu'il le sait que Mirabeau, dont vous vous appuyez, vous donne tort; car lorsque, appelant de tous ses vœux le temps où il ne sera plus qu'une grande famille, où il n'y aura plus ni esclaves, ni ennemis, ni alliés, ni guerre, ni politique, il conclut à la fédération humaine; il suppose, il faut le penser, qu'à l'instar de la famille élémentaire, cette famille aura ses membres divers, ses diverses branches aussi grandes d'ailleurs que cette famille sera grande elle-même; que conséquemment les grands membres, les grandes branches de cette grande famille ou fédération seront assurément les nations et les peuples dont cette fédération sera composée; autrement, il n'y aurait pas plus matière à fédération qu'il n'y aurait matière à alliance, à un ensemble quel qu'il soit, sans les parties qui la contractent ou le composent.

Sachez-le, l'unité d'opinions prédite par M. de Bonald comme dernier effet de la révolution française, est un faux point de mire; j'aurais préféré vous voir prendre pour but l'unité de certitude exigée par M. Colins; car alors, au lieu d'accepter pour votre opinion la fatale conclusion où s'est échouée sa logique, avec un peu de bon sens vous eussiez pu le sauver lui, son génie et son œuvre.

Car, ne lui en déplaise non plus qu'à vous, la force n'est pas le seul critérium possible, tant

qu'il y aura des nationalités ; et les intérêts des
nations ne sont pas plus en opposition avec les
intérêts de l'humanité, que l'intérêt de tous n'est
en opposition avec l'intérêt de chacun ; mais au
contraire, la raison est le seul critérium social
possible, par cela même qu'il y a et doit y avoir
des nationalités ; et les intérêts des nations sont
à l'humanité, comme l'intérêt de tous est à l'intérêt de chacun ; car, tant que l'homme, comme
l'arbre, aura corps avec pied ou racine, tronc ou
tige, bras ou branche, la raison sera le seul critérium possible de son organisme, ses organes ne
se feront entre eux aucune opposition, l'intérêt
de tous sera l'intérêt de chacun et réciproque-
ment. Établissez-donc, entre tous les membres
nationaux du corps social de l'humanité, cette organisation raisonnée, cette harmonie morale,
cette morale harmonique dont l'organisme du
corps de l'homme ou de l'arbre vous offre le mo-
dèle, et vous verrez que les membres de ce corps
n'auront nullement à se plaindre l'un de l'autre, que les familles de cette fédération ne se feront entre elles aucune opposition, que les nations de l'humanité n'auront entre elles aucun
sujet de guerre, et vous comprendrez que la force
n'est pas le seul critérium social possible, mais
qu'au contraire, toute société ne doit avoir pour
critérium que la raison, la bonne s'entend, car
la mauvaise est folie ou pour le moins absurdité.

C'est assurément ce que pensaient nos pères,
quand ces ouvriers de Dieu élaboraient les droits

de l'homme, quand ils appelaient tous les peuples au partage de la lumière, quand ils les conviaient au banquet de la paix universelle, quand ils les faisaient ainsi renaître de la mort de la servitude et de la guerre de la haine à la vie de la liberté et à la haine de la guerre.

C'est assurément ce qu'ils pensaient, quand, assis sur le trépied de la liberté, de la fraternité et de l'égalité des hommes, ils travaillaient à restaurer la raison sociale de l'humanité, à rétablir la justice et la droiture dans l'univers; et quand ils pensaient et agissaient ainsi ces frères de tous les hommes, ils ne s'en disaient qu'avec plus d'orgueil les patriotes de la France; et ils l'aimaient tant, cette France, leur patrie bien-aimée, que n'en pouvant faire la patrie de tout le genre humain, ils se firent, pour sa gloire, les citoyens du monde.

Ces hommes-là n'étaient pas des utopistes cherchant la vérité où elle n'est pas; si, après avoir tout détruit par l'analyse, ils voulaient tout bâtir sur la synthèse, c'est qu'ils savaient que les nations peuvent se lier entre elles pour former la grande famille humaine, la fédération de l'humanité comme se sont fédérées entre elles les familles de la maison pour former les peuplades de la commune, les peuplades de la commune pour former le peuple de la nation; ils savaient que si la famille de la maison est la javelle, la peuplade de la commune la gerbe, le peuple de la nation la botte et l'humanité la meule, les nations sont cependant distinctes dans l'humanité, comme les peuplades dans le peuple, comme les familles dans les peuplades, et qu'il y aurait folie à les vouloir confondre dans l'humanité, comme le grain dans un sac, comme la paille et le foin dans une grange.

Ils savaient que

la famille est la source.
la peuplade — le ruisseau,
le peuple — la rivière,
la nation — le fleuve,
l'humanité — l'Océan

et qu'il n'y aurait pas moins de folie à vouloir confondre toutes les nations dans l'humanité où elles aboutissent qu'à vouloir confondre tous les fleuves dans l'Océan où ils se jettent; ils savaient que du jour où familles, peuples, nations, communes, provinces, patries seraient indistinctement confondues dans l'humanité, l'humanité dessécherait et tarirait, comme dessécherait la terre et comme tarirait l'Océan, du jour où, cessant d'y couler, sources, ruisseaux, rivières et fleuves s'y seraient à jamais confondus.

Ainsi, soutenir que la nationalité et le patriotisme sont des abstractions funestes qui doivent s'effacer et disparaître, c'est soutenir que l'individualité et l'égoïsme sont de même nature et passibles du même sort; c'est détruire les parties constitutives de l'ensemble, les éléments primordiaux du tout. Mais qui donc sans égoïsme voudra, qui donc sans individualité pourra pren-

dre l'initiative d'une pareille folie? Soyez-en
convaincu, ce ne sera ni lui ni moi, et j'en suis
convaincu ce ne sera pas vous. Ce ne sera donc
personne? Sans doute, et il faut que chacun y
renonce; car le *moi* existera toujours en lui, en
vous, en moi, dans la famille, dans le peuple,
dans la nation, dans la commune, dans la pro-
vince, dans la patrie; car le moi individuel ou
l'égoïsme et le *moi* collectif ou patriotisme, seront
toujours des personnalités; car la nationalité est
la personnalité d'un peuple, comme l'individualité est la personnalité de chacun; car le patriotisme est l'amour filial d'une nation, comme la
filialité est l'amour du fils pour son père.

Il ne s'agit donc pas de détruire le patriotisme
et la nationalité; il s'agit de les régler pour qu'ils
cessent d'être ce qu'ils n'ont été que trop longtemps, exclusifs, injustes, intolérants, haineux,
terribles, farouches, cruels, féroces même. Mais
que faire pour y parvenir? Que fait l'homme
quand débordent les sources, quand les courants
submergent et inondent? Il les contient dans leur
lit par des digues, il les canalise. Que doit-il faire
quand les peuples et les nations s'égarent? Il
doit les moraliser et les maintenir par la raison
dans le lit de la justice. Qu'il soit fait ainsi et,
soyez-en sûr, ni Ballanche, ni Lamennais, ni
Rousseau ne seront plus de votre avis et ne se
perdront plus comme vous en déclamations sté-
riles, en reproches impuissants; car le patriotisme de la nationalité d'un peuple, étant devenu

ce qu'il doit être, ce qu'est l'égoïsme de la personnalité d'un homme de bien, l'amour d'un fils pour son père, juste, tolérant, bénin, tendre, aimant, affectueux, il sera alors aussi utile et profitable à l'humanité qu'il lui a été jusqu'ici pernicieux et funeste; et ce patriotisme national, développé dans le sens humanitaire comme l'est l'égoïsme individuel dans le sens patriotique, vous convaincra de la nécessité de son existence, de l'indispensabilité de son maintien. Qui lit beaucoup lit mal, qui pense peu et pèse moins, qui s'en rapporte toujours plus au jugement des autres qu'au sien propre, n'arrive tout au plus qu'à une opinion, à celle d'Aristote, ou de Voltaire à celle de Bossuet ou de Rousseau, rarement il aboutit à la certitude. Celui-là est enfant toute sa vie; *toute sa vie il végète* dans cette naïveté crédule, enfantine, qui lui fait ajouter une foi aveugle à la parole du maître; pour lui le maître ne l'a pas dit, parce qu'il a raison, mais le maître a raison parce qu'il l'a dit.

Sans doute il est en tous pays des hommes qui, comme le Balafré, n'ont point de patrie, parce qu'ils l'ont incarnée dans leur égoïsme; sans doute il est en toute religion des La Balue, des Duprat, des Lorraine et des Mazarin qui n'ont point de patrie parce qu'ils l'ont incarnée dans leur fanatisme; sans doute il fut en tous temps des chefs et des peuples qui, fuyant une patrie où ils sont mal pour en chercher une où ils soient mieux, n'en ont pas plus qu'Attila et

les Huns, tant qu'ils la cherchent et qu'ils errent pour la trouver; mais quand ces nomades se
sont arrêtés, fixés, établis sur un territoire,
quand ils y ont vécu et versé leur semence, la
nation ou le peuple qu'ils y ont procréé, engendré
mis au jour, appelle ce territoire sa patrie ; c'est
ainsi que la Gaule et la Dacie, que l'Italie et
l'Espagne , que la Turkie et la Russie , que
l'Allemagne et l'Angleterre sont devenues les
patries de tant de peuples autrefois errants,
nomades ou vendes ; et ce territoire est aussi
réellement leur patrie que la maison de leur père
est leur héritage. Il ne faut donc pas plus blâmer leur patriotisme de se lever et de s'armer
pour la défendre, qu'on ne doit blâmer l'égoïsme
de l'amour filial qui se lève et s'arme pour défendre l'héritage de ses pères. Au lieu de le blâmer il faut le rendre impossible, en ne permettant pas qu'on l'attaque. Comme l'égoïsme personnel, comme la liberté individuelle et publique,
le patriotisme, égoïsme collectif et public d'un
peuple, ou amour filial d'une nation, peut être
entravé dans ses allures, dominé dans sa parole,
gêné dans ses actes; il peut être énergique aujourd'hui, faible demain; il pouvait veiller hier,
il peut dormir aujourd'hui ; il peut en un temps
n'en avoir plus ni les moyens, ni la force, ni
même la conscience; il peut être las et épuisé;
c'est pourquoi il parla aussi énergiquement en
92 aux Prussiens de Brunswich qu'en 1814,
après vingt ans de guerre, il dut se taire

devant l'Europe coalisée; mais conclure de sa lassitude et de son épuisement, de sa faiblesse et de son impuissance, de son silence et de son atonie temporaires, à son abstraction, à son idéalité et le nier comme un sentiment absolu inhérent au fait de l'origine, comme le sentiment de la nationalité, c'est en conclure autant de l'égoïsme; c'est nier que l'égoïsme soit le sentiment absolu, inhérent à l'existence de l'individu, le sentiment de sa personnalité; c'est nier lui, toi, moi, eux, nous, vous; c'est nier le tout et la partie; c'est être absurde.

Sans doute le patriotisme est composé, comme l'égoïsme est simple; sans doute il se combine avec la maison et le berceau, la terre et l'eau, le ciel et l'air, le champ et la tombe où sont nés, dont ont vécu et où sont enterrés nos pères; sans doute, il est d'autant plus entier, d'autant plus énergique, d'autant plus juste que les citoyens d'une même patrie y jouissent, dans une liberté plus parfaite et dans une égalité plus uniforme, de tous ces biens qui sont leur héritage; sans doute la noblesse et le clergé n'en ont joui seuls que trop longtemps, sans doute ils ont dit trop souvent et ils répètent encore en trop de lieux :

Rome n'est plus dans Rome, elle est toute où je suis.

Mais, de ce qu'en tous pays chacun ne jouit pas des biens dont il a droit de jouir, de ce qu'en certains pays certaines classes s'arrogent à elles

seules le droit de jouir de ces biens, en conclure
que le patriotisme est une chimère, la nationalité une utopie et tous deux une abstraction,
n'est-ce pas en conclure autant de l'égoïsme et de
la personnalité, parce que le moi individuel se
trouve maîtrisé, dominé, asservi, tyrannisé par
la force brutale de l'autocrate?

Mais comment en déduire une pareille conclusion quand l'autocratie n'est elle-même autre
chose que l'excès de cet égoïsme, ce même
égoïsme élevé à sa plus haute puissance.

Vous le voyez, avant de détruire la nationalité
et le patriotisme, il vous faudra détruire l'individualité et l'égoïsme, l'un n'étant que le collectif de l'autre; mais vous n'en viendrez pas plus à
bout, que vous ne viendrez à bout de détruire
l'amour du lieu où l'on est né, où l'on a été
élevé, ou l'on a vécu, où vivent le père et la
mère, où sont enterrés les ancêtres, où l'on a
respiré avec la vie toutes les premières sensa-
tions de la lumière et des couleurs, du chaud et
du froid, tous les premiers sentiments de l'affec-
tion et de la tendresse, de l'amitié et de l'amour,
ce localisme qui fait que deux pays ou payses sont
deux fois compatriotes dans la même patrie et là
où ils sont nés, et n'importe où ils se rencontrent.

Mais je ne veux être en rien exclusif, et si
j'aime à répéter :

A tous les cœurs bien nés que la patrie est chère !

je n'admets ni avec Rousseau ni avec Bossuet

que l'on doive absolument aimer sa société, quelque injuste et quelque ingrate qu'elle soit ; j'admire l'amour de ceux qui en ont le courage, je ne pluis blâmer ceux qui ne l'ont pas ; mais je dis : Quiconque n'aime pas la société dans laquelle il est né, dont il est membre, et qui l'aime, est ingrat, ennemi de lui-même et de sa patrie ; et de même quiconque n'est pas aimé de la société dans laquelle il est né, mais où il n'est rien, est en droit de ne plus l'aimer et d'aller chercher ailleurs une patrie pour ses enfants. Ainsi les émigrations, si nombreuses et fréquentes qu'elles soient, loin de prouver contre le patriotisme et de le détruire, ne font au contraire que l'affirmer et le corroborer. Les individus et les multitudes qui émigrent par mécontentement que motive la misère, par misère que motive l'iniquité de l'état social, le vice organique de la société dans laquelle ils sont nés, sont, à l'égard de la société qui les pousse à fuir leur patrie, comme un enfant que les mauvais traitements et les rigueurs injustes du père et de la mère obligent à quitter le toit des ancêtres ; il le fait moins parce qu'il ne les aime pas que parce qu'il n'en est pas aimé. Ainsi, ce n'est pas la patrie que renie, fuit et maudit l'émigrant, c'est le vice organique de son état social, c'est l'inique organisation de sa société.

Tenez-vous le donc pour dit : oui, la nationalité est le principe de l'unité humaine, comme la personnalité est le principe de l'unité individuelle, comme la familiarité est le principe de l'unité communale, comme la communauté est le principe de l'unité nationale; et c'est moi qui vous le dis : parce que l'humanité est un vaste corps organisé dont chaque membre, comme chaque famille, comme chaque commune, a conscience de lui-même, et que chacun de ses membres ne saurait avoir cette conscience, si lni-même il n'était une nationalité; toute nation est donc un principe, un élément de la civilisation de l'humanité au même titre que toute température est un principe, un élément du tempéramment du peuple, tout climat un principe de son caractère, tout climat et toute température un principe de l'amycle atmosphérique du climat terrestre, tout point un principe de la ligne, tout arc un principe de la circonférence, tout gens un principe de nation, tout sol un principe de peuple, toute union, réunion ou communion, un principe d'association de société ou de socialisme; tout membre organique quel qu'il soit, animal ou végétal, un principe de corps organisé, quel qu'il soit, bestial ou humain, national ou humanitaire.

D'ailleurs, la loi naturelle des choses voulant qu'il y ait identité complète entre l'objet qui est le type et le mot qui en est l'image, et que là où cette identité existe, il y ait réalité, vérité, certitude qu'aucune opinion ne puisse ni nier, ni abolir, ni effacer, ni détruire, chacun a compris, et vous avez compris comme chacun, que le principe nationalité existant aussi bien dans le type qu'il exprime que dans le mot qui le peint, non-seulement les nationalités ne doivent ni ne peuvent disparaître, mais qu'elles ne sont pas moins indispensables, essentielles à l'existence de l'humanité que ne l'est la personnalité à l'existence de la famille.

Que la nationalité ait ou n'ait pas encore reçu sa formule philosophique, sa sanction politique; que le droit des gens et des nations soit faux, incomplet; que la science en soit erronée, empirique, toujours est-il que le gens est une réalité, comme le géniteur; la nationalité une vérité, comme la nation; le patriotisme une certitude, comme la patrie; car ils sont tous trois des faits comme l'engendrement, la naissance et la personnalité. Si donc le droit est faux et incomplet, il le faut redresser et parfaire; si la science en est erronée et empirique, il la faut rendre réelle et vraie; il faut que l'un soit la justice, l'autre la certitude; et le droit égal des nations, devenu juste et réel, vrai et certain, sera celui de l'humanité, et ce droit de l'humanité ne sera pas autre chose encore que le droit des nations.

Si la nationalité est la personnalité d'un peuple, si le patriotisme est l'amour filial d'une nation, s'ils sont aussi indestructibles que la personnalité et l'égoïsme du citoyen, n'est-il pas mieux de les moraliser que de les anéantir en les confondant dans l'humanité? Assurément; car cette unité humaine sur laquelle vous bâtissez, loin d'être un principe, n'est au contraire qu'une conséquence, un résultat, un ensemble, le total des unités partielles, unités nationales sans lesquelles il ne saurait pas plus y avoir humanité que sans unités il ne saurait y avoir de total.

Ainsi, ce n'est ni la patrie ni la nationalité qu'il faut effacer et détruire, c'est l'association de la nation qu'il faut réorganiser, c'est l'état social du peuple qu'il faut refaire ; c'est la société de la patrie qu'il faut reconstituer, afin que ce fruit de l'union soit ce qu'exprime son nom, la *substance du bonheur.*

J'en conviens, tant qu'on se battra n'importe où, il y aura là guerre civile ; mais je ne comprends pas plus deux seuls peuples, l'un oriental, l'autre occidental, que vous ne sauriez comprendre deux seules nations, l'une septentrionale, l'autre méridionale. Laissons donc là ces petits mots de grands hommes qui ne disent rien en croyant tout dire ; reconnaissons autant de peuples et de nations que la nature en a faits, autant qu'il y a de climats et de températures qui en font le caractère et le tempéramment; et de ce que l'Europe, le monde attendent, sollicitent la fondation d'une nouvelle société, ne nous hâtons pas de détruire les seuls éléments qui la peuvent composer, constituer ; ne bâtissons pas, comme vous l'avez fait, des hypothèses sur ces causes perdues dans lesquelles César et Alexandre, la Rome des empereurs et des papes, Charlemagne et Pierre le Grand ont mêlé, confondu, broyé les peuples pour les unir; non, ne fondons pas l'unité humaine sur l'humanité, car on n'assied pas plus

le total sur le total qu'on ne peut s'asseoir sur soi-même; mais sans nous inquiéter de ce que dans la tendre effusion de leur cœur ou dans le débordement de leur mauvaise humeur, en ont pu penser et dire, écrire et publier Socrate, Plutarque, Fénélon, Pascal, Voltaire, Mirabeau, Bonald, Lamennais, V. Cousin, E. Quinet, E. de Girardin, Colins, Lamartine, Châteaubriand et Napoléon lui-même, bâtissons des faits sur de justes causes justement gagnées, sur de justes droits justement acquis, fondons le total sur les unités, le tout sur les parties, l'unité humaine sur l'union des nations, l'humanité sur les nationalités; éclairons les familles, les peuplades, les peuples, les communes, les provinces, les patries; effaçons les douanes, les barrières, les armées des nations; établissons mêmes poids et mesures, mêmes monnaies et valeurs, mêmes devoirs et droits, mêmes vérités et sciences, mêmes principes et axiômes, même langue et même écriture, mêmes chiffres et même musique; faisons que chacun se devienne à soi-même et son pâtre ou son prêtre, et son roi ou sa règle, le régent de sa personne et le gérent de ses biens; et, les nationalités ainsi respectées dans leur caractère et dans leur tempéramment à l'égal des personnalités, l'humanité sera comme un zodiaque dont les hommes seront comme les astres, les nations comme les constellations, Dieu comme le soleil, l'intelligence comme la lumière et le progrès de l'esprit régulier, exact, normal, uniforme comme le progrès du temps.

Puisque M. de Feuillide est trop à la justice
et à la vérité pour ne les pas voir maintenant
qu'elles le touchent, et n'y pas tenir maintenant
qu'elles le tiennent; puisqu'il ne considère plus
maintenant les nationalités et le patriotisme que
comme la personnalité et l'égoïsme des peuples,
puisqu'il admet que leur antagonisme se peut
moraliser et harmoniser par les mêmes procédés
à l'aide desquels se moralise et s'harmonise l'antagonisme qui résulte de la personnalité et de
l'égoïsme des individus ;

Puisque ainsi les nationalités restent aussi indispensables à la formation de l'unité humaine,
à la fédération de l'humanité que le sont les divers amycles des divers climats à l'unité atmosphérique et les divers signes des diverses constellations à l'unité zodiacale ;

Puisqu'ainsi il reconnaît aux nationalités et
au patriotisme leur nécessité d'être, de durer,
de se développer et de se perfectionner ;

Puisqu'ainsi nous nous sommes entendus avec
lui sur le fond, voyons maintenant à nous entendre avec M. Peyrat sur la forme. Ce sera facile
et ce ne sera pas long ; car M. Peyrat, esprit
juste, fondant, ainsi que nous, l'unité humaine
sur les nationalités, je n'ai guère qu'un mot à
dire pour lui faire comprendre ce qu'il y a de
défectueux dans la reconstitution qu'il en a faite.

✳✳✳

Oui, les éléments de toute nationalité sont le

sol, la langue, les mœurs, les traditions et les croyances de la patrie; et là où manque un de ces éléments, la nationalité n'est pas entière. C'est pourquoi les provinces de la Prusse en deçà du Rhin, bien qu'aussi gauloises que la Belgique et la France par le territoire, sont moins qu'elles, à cause de la langue, dans cette nationalité; c'est pourquoi la Savoie, Piémont aussi gaulois que le Dauphiné, est plus française qu'italienne; c'est pourquoi les provinces allemandes de Livonie, d'Estonie et de Courlande sont plus prussiennes que russes; c'est pourquoi les Serviens et les Bulgares de Hongrie y sont sans nationalité; c'est pourquoi les Romaioi de Turkie, de nom romain et de langue grecque, n'y ont pas plus de nationalité que n'en ont en Hongrie les Serviens et les Bulgares; c'est pourquoi, bien que de langue grecque, les Macédoniens ne sont grecs à aucun titre, ni ioniens, ni hellènes.

Assurément personne n'admire plus que moi les généreuses tendances de la race hongroise; personne plus que moi ne lui sait gré de ses généreux efforts à s'affranchir de l'Autriche; personne plus que moi ne désire de la voir rentrer dans tous les droits de sa nationalité; mais aussi personne ne regrette plus que moi sa velléité de prétendre absorber, au dix-neuvième siècle, les diverses nationalités sur lesquelles l'Autriche domine à sa place, pour en composer l'unité hongroise, la nationalité magyare. Sans doute, forte de quatre millions, elle est la plus nombreuse de ces nationalités, mais celles-ci, fortes de huit millions, sont, dans leur ensemble, doublement plus fortes qu'elle. Pour bien compter avec chacune, il lui fallait donc mieux compter avec toutes. N'eût-elle visé qu'à une fédération, elle eût pleinement réussi; pour avoir tenté la fusion, elle a complétement échoué. Cela devait être. Ne songer qu'au milieu du dix-neuvième siècle à opérer ce que Louis XI avait accompli pour la France au quinzième, c'était trop tard. Croates et Roumains avaient depuis trop longtemps déjà conscience de leur nationalité et ne se sentaient pas moins raison d'être que les Hongrois.

Assurément aussi personne n'admire plus que moi l'héroïque patriotisme de l'aristocratie polonaise, personne n'approuve plus que moi ses courageuses tentatives à s'affranchir de la Russie, personne plus que moi ne désire de la voir rendre à la Pologne sa nationalité; mais aussi personne ne regrette ples que moi sa velléité de vouloir s'affranchir sans affranchir ses serfs; personne plus que moi ne la plaint de la voir élever ses prétentions au-dessus du droit en revendiquant comme son bien des provinces hétérogènes, la Bessarabie, par exemple, qui ne lui est pas plus homogène que ne l'est la Sclavonie à la Toscane.

Sans doute, forte de dix-huit millions d'âmes, la Pologne reconstituée pourrait essayer de reprendre contre les nations voisines son ancien rôle agressif auquel la Russie s'est substituée; mais qu'elle y songe : ne tend-elle qu'à une réintégration complète de ses éléments homogènes, elle réussira; tient-elle au contraire à Dantzik et à Akerman, elle échouera comme elle a échoué. Vouloir, au dix-neuvième siècle, ce qu'a osé entreprendre le tzar Nicolas, ce que le tzar Alexandre ne pourra accomplir, c'est ne plus compter avec la civilisation; Roumains de la mer Noire et Allemands de la Baltique ont aujourd'hui conscience de leur nationalité et ne se sentent pas moins raison d'être que les Polonais.

Assurément encore personne n'admire plus que moi le courage audacieux de cette poignée d'hommes qui a su combattre dix ans contre l'empire turk pour se créer une patrie; personne plus que moi n'approuve la résurrection d'une nationalité grecque, et personne plus que moi n'en désire le progrès; mais aussi personne ne regrette plus que moi sa velléité de prétendre se rattacher aujourd'hui tous les peuples des divers pays où elle a porté jadis sa civilisation avec sa langue; personne plus que moi ne regrette de la voir pousser ses prétentions au delà de l'Epire ou de la Thessalie, appeler Grèce la Macédoine, que Démosthène appelait barbare, et rêver la fondation d'un empire grec sur les souvenirs de l'empire romain de Bysance; sans doute sa population, compacte sur certains points, mais généralement clair-semée, peut fomenter le trouble en Turkie; mais songer, au dix-neuvième siècle, à reconstituer un empire grec avec tout l'Orient, n'est pas moins folie pour Athènes qu'il n'en serait une pour Rome de rêver un empire romain avec tout l'Occident.

Assurément enfin, personne plus qué moi n'a plaint le sort fait par la conquête aux habitants de Bysance; personne plus que moi ne leur en souhaite un meilleur; personne ne l'espère et n'y a plus foi que moi, mais personne aussi ne regrette plus que moi la velléité de ces *Romaioi* qui, sous le nom de Phanariotes, aspirent à l'empire pour le dominer et le gouverneraient comme les poulains de Syrie, ces Francs qu'y ont laissés nos croisades, gouverneraient la France, s'ils parvenaient jamais à la dominer.

Sur ces considérations, tout ce que peuvent et doivent faire les Hongrois, c'est de s'adjoindre les Slovaques, les Ruthènes, les Sziklers, les Vendes et les Bulgares qui, n'étant parmi eux que des peuplades, trouveront intérêt à se fondre dans leur nationalité; tout ce que peuvent et doivent faire les Polonais, c'est de viser à leur unité homogène et se contenter d'être un état intérieur au lieu d'étendre leurs bras sur Dantzik et sur Akerman, puisque c'est pour les avoir trop tendus que la Prusse, l'Autriche et la Russie leur ont brisé la tête, le cœur et la poitrine ; tout ce que peuvent et doivent faire les Grecs, c'est de renoncer aux successions d'Alexandre le Grand et de ses généraux, et sans rien prétendre au delà de l'Epire et de la Thessalie, d'appeler à eux tous ceux des leurs qui en sont loin ; tout ce que peuvent et doivent faire les Greco-Romains de Bysance, c'est de renoncer à la succession du premier et du dernier des Constantin, et, partie minime de la population non-seulement de la

Turkie, mais de Constantinople, d'accepter le meilleur avenir réservé et garanti à tous.

Pour les Croates, c'est à eux de s'entendre avec les Esclavons, les Bosniaques et les Serviens, afin de composer la nationalité des Slaves du sud ; quant à ce qui est des Roumains transylvains et bucovinois, leur nombre et leur parenté avec les Roumains Moldo-Valaques, les poussent à s'en rapprocher pour composer avec eux la nationalité roumaine. Continuer de les tenir séparés politiquement en les rattachant soit à la Hongrie, soit à l'Autriche, soit aux Polonais, soit aux Bysantins, chrétiens ou musulmans, Romaioi ou Turks, c'est entretenir des regrets et des espérances, c'est mettre la Hongrie et l'Autriche sur le qui-vive, les Polonais et les Romaioi dans l'attente ; c'est nourrir dans les Roumains la haine du joug qu'ils portent ou qu'on leur ferait porter ; c'est troubler la paix, c'est fournir prétexte à la guerre. Car personne n'en ignore, toutes les provinces roumaines ont toujours eu même langue, mêmes traditions, mêmes mœurs, même foi ; la Moldo Valaquie a de plus mêmes lois, mêmes poids et mêmes mesures ; toutes elles ont eu mêmes malheurs, la conquête ou la soumission, la sujétion ou le vasselage, et, toutes, elles ont la même espérance, celle d'accomplir leur destinée par leur unité nationale.

Pour tout homme impartial, ils ont assurément droit d'y prétendre ; vassale et non sujette, la Moldo-Valaquie est si peu partie intégrante de l'empire ottoman, que l'entrée des Russes, le

2 juillet 1853, n'a pas été considérée de prime-
abord, par le sultan lui-même, comme un cas
de guerre; la cession de la Bucovine à l'Autriche
en 1775 et celle de la Bessarabie à la Russie en
1812, sont des malversations politiques pour
lesquelles il n'est point de prescription, contre
lesquelles il y a toujours recours; les Roumains
forment une population qui, au minimum, s'élève
à huit millions d'âmes; ceux de la Moldo-Valaquie ont conservé leur autonomie, ils sont donc
libres de se constituer comme ils l'entendent,
soit selon leur principe électif, soit selon le principe héréditaire, de se choisir un chef parmi eux
ou d'appeler un étranger; séparés par le Danube
des territoires qui mènent de plein pied à
Byzance, si ce fleuve, le plus grand de l'Europe,
est assez large pour servir de limite à deux Etats,
n'y aurait-il pas folie à l'heure du *dénouement*
de la grande question qui s'agite de les *renouer*
à l'empire ottoman, quand ils peuvent en être
séparés politiquement comme ils le sont par la
nature, sans porter nulle atteinte à l'intégrité de
cet empire, sans que la cessation de leur vasselage et leur constitution en un Etat fort et indé-
pendant pussent être considérées autrement que
comme une justice faite à leurs droits, comme
une sanction donnée à la paix, comme une sa-
tisfaction rendue à leurs besoins, comme une
garantie mutuelle; et si, réunis, ils peuvent former un Etat, une nation homogène, n'y a-t-il pas
aberration de calcul, n'est-ce pas une combinai-
son erronée que de les réunir aux Bulgares et

aux Serviens, pour composer avec ces peuplades, avec lesquelles ils sont sans affinité, un Etat, une nation hétérogène? Il n'y faut donc plus penser.

Mais, d'un côté, comme nous l'avons dit, que la Hongrie avec les Ruthènes, les Slovaques, les Vendes, les Bulgares, les Sziklers; que la Sclavonie avec les Croates, les Serbes, les Bosniaques, les Rasciens, les Monténégrins; que la Roumanie avec les Transilvains, les Bucovinois, les Bessarabes, les Moldaves et les Valaques soient constitués en nationalités; que la Pologne avec la Gallicie, la Bohême, la Lithuanie; que la Suède avec la Norvége, la Finlande et le Danemarck soient constitués en nationalités; que ces cinq nationalités de Scandinavie, de Pologne, de Hongrie, de Roumanie et de Slavie s'unissent en confédération, et l'Europe n'a plus rien à craindre des envahissements de la Russie.

D'un autre côté, que l'Italie recouvre sa nationalité avec son unité; que la Savoie, les provinces Rhénanes et la Belgique soient rendues à la France; que la Livonie, l'Estonie, la Courlande soient annexées à la Prusse; que l'Autriche, la Styrie et le Tyrol soient reliés à l'Allemagne; que l'Espagne, l'Italie, la Gaule, l'Allemagne, la Scandinavie, la Hongrie, la Roumanie, la Slavie, la Turkie, et la Grèce soient respectivement UNE, et toute cause plausible de discorde a disparu de l'Europe, et tous les efforts de ses peuples ne tendent plus qu'au progrès moral et matériel, intellectuel et physique, à la paix, à la civilisation, au bonheur, seul but et seule fin de la SOCIONOMIE.

S'il a suffi à M. de Feuillide d'être fils d'une grande nation, pour ne reconnaître qu'à toute puissante patrie le droit à la nationalité, il m'aura suffi, je pense, d'être né avec le sentiment de la justice, pour triompher de sa sophistique consécration du droit de la force ; car, par la force de la raison, j'aurai obtenu des forts le droit égal des faibles à la nationalité. Car, par cette solution de principe, j'aurai suffisamment disposé les esprits justes et les cœurs honnêtes à accueillir favorablement la solution pratique à laquelle je me sens restreint par les conséquences funestes du *statu quo* imposé à la Roumanie ; car si chacun sait, aussi bien que M. Saint-Marc-Girardin, que cette solution de principe, impraticable en l'état des choses, n'est aujourd'hui qu'une utopie, personne que lui n'en rira, parce que tout le monde sait, avec M. Elias Régnault. que, dès demain, elle peut être une réalité, si la France et l'Angleterre veulent enfin comprendre qu'il leur faut une autre alliée que l'Autriche pour faire la guerre à la Russie. En attendant, vivent la France et l'Angleterre ! mais aussi vivent la Pologne et la Hongrie, l'Italie et la Roumanie, qui, elles aussi, sont des nations !

Montmartre. — Imp. Pilloy.

Montmartre. — Imp. Pilloy.

www.ingramcontent.com/pod-product-compliance
Lightning Source LLC
LaVergne TN
LVHW050108060726
842524LV00003B/1002